Luz En Mi

Una Historia Real

Juan Cristobal Regalado Jimenez

Luz En Mi : Una Historia Real

Copyright © 2025 Juan Cristóbal Regalado Jimenez

ISBN: 9798270322014

Todos los derechos reservados

Cercano está Jehová a los quebrantados de corazón;

Y salva a los contritos de espíritu. Salmo 34:18

"Donde hubo dolor. ahora hay palabra. Donde hubo sombra, ahora hay luz.

DEDICATORIA

A Dios, Señor de la luz,

que encendiste mi alma cuando más oscura era la noche.

Toda palabra aquí escrita nace de lo que Tú encendiste en mí.

A Ti, sobre todo, el honor, la gloria y la eternidad.

A mi esposa **Mayela**,

compañera de camino, lámpara firme en mis días inciertos.

Luz En Mi : Una Historia Real

A mis hijas **Alejandra** y **Mariana**,

porque en sus ojos entendí que la vida es un reflejo de lo eterno.

A mis yernos, **Jesus y David**

por caminar junto a mis hijas con amor, nobleza y propósito.

A mis **nietas Marianita, Abigail y Adrian,**

pequeñas luces que anuncian el alba,

herencia viva de amor y promesa.

A **mi madre y hermanos**,

por su amor sin condiciones y su presencia sin medida.

A mi Pastor **Pablo Arango Alvarez**,

por sembrar palabra que enciende y camino que orienta.

Al Pastor Evangelista Internacional **Luis Antonio Alegria Vidal** cuyo ministerio y pasión por las almas han sido inspiración y guía, recordando que la luz del Evangelio no conoce fronteras.

A la Iglesia **Emmanuel**,

hogar de fe, taller de almas, faro entre tempestades.

Y a ti, **lector**,

que al abrir estas páginas no encuentres solo palabras,

sino un destello de lo eterno,

una voz suave que también susurre en tu interior:

Luz En Mi : Una Historia Real

"Hay luz en ti."

BIOGRAFÍA DEL AUTOR

Juan Cristobal Regalado Jimenez, siervo del Señor por más de dos décadas, ha dedicado 21 años de su vida al ministerio dentro de la tradición presbiteriana, sirviendo con fidelidad en la Iglesia

Emmanuel. A lo largo de este tiempo, ha desempeñado diversos roles que reflejan su compromiso con el cuerpo de Cristo: director de Escuela Dominical, consejero de jóvenes, diácono, anciano de iglesia y predicador del evangelio de Jesucristo. Juan es escritor de libros que transmiten palabras y luz

ENLACES DE CONTACTO CON ANCIANO DE IGLESIA JUAN CRISTÓBAL REGALADO JIMENEZ

Email

jregaladojimenez6@gmail.com

Facebook

https://www.facebook.com/juan.regalado.393

Introducción

Este no es un libro cualquiera. No nace de la ficción ni del artificio. Nace de la vida misma, de las profundidades del alma, de los caminos oscuros que, con el tiempo y la gracia de Dios, se iluminaron. Es una historia real, mi historia, tejida con lágrimas, con silencios, con gritos ahogados y también con esperanza, redención y luz.

Escribo estas páginas no como quien presume una victoria, sino como quien extiende la mano a otros que

aún caminan en sombra. Porque yo estuve ahí. Fui niño sin abrigo emocional, joven extraviado en el ruido del mundo, adulto roto por el peso del pasado. Pero también fui —y soy— testigo de que el amor de Dios puede restaurar todo.

Cada capítulo de este libro representa un umbral cruzado, una etapa superada, una herida sanada. No hay en estas líneas ninguna exageración. Hay verdad. Cruda, sincera, viva. Porque solo la verdad libera, y sólo el Espíritu de Dios puede transformar esa verdad en testimonio.

Este libro es para ti, que has sentido que no hay salida. Para ti, que crees que tu historia no tiene redención.

Para ti, qué clamas en silencio en medio de la noche. Para ti, que aún no sabes que hay una luz esperando por ti. Léelo con el corazón abierto. No para admirar, sino para creer. No para juzgar, sino para entender. No para llorar solamente, sino para sanar. Porque si Dios lo hizo conmigo, también puede hacerlo contigo.

Hoy puedo decirlo con certeza, con paz y con gratitud: Hay luz.

Y esa luz vive en mí.

Autor: Juan Cristobal Regalado Jimenez

Luz En Mi

Una Historia Real

Juan Cristobal Regalado Jimenez

Luz En Mi : Una Historia Real

Índice

- Introducción

- Capítulo 1: La casa sin sol

- Capítulo 2: Aulas sin abrigo

- Capítulo 3: El cumpleaños que quebró mi infancia

- Capítulo 4: El trabajo perdido

- Capítulo 5: Un poco de pan, nada de paz

- Capítulo 6: La luz que me llamó por mi nombre

- Capítulo 7: Bautismo de fuego y agua

- Capítulo 8: De regreso al hogar prometido

- Capítulo 9: El llamado de Anciano de Iglesia

- Capítulo 10: Las heridas que sanan

Luz En Mi : Una Historia Real

- Capítulo 11: La luz que no se apaga

- Capítulo 12: Luz en mí

- Conclusión

Capítulo 1: La casa sin sol

Nací en un rincón del mundo donde el sol parecía negarse a entrar, como si supiera que allí la luz era un lujo reservado para los sueños. Mi infancia fue una sucesión de días grises, más parecidos a noches. Las paredes de nuestra casa, finas y agrietadas, guardaban los gritos como ecos eternos que no sabían marcharse. Desde que tengo memoria, viví entre los escombros emocionales de una familia deshecha por la violencia, el alcohol y la miseria. Yo era el de en medio, el que no era el primero ni el último, el que pasaba desapercibido en medio del caos.

Mi hermano mayor se convirtió pronto en un pequeño

guardián. A su corta edad, ya sabía lo que era enfrentar la furia de un padre que nunca encontró en sí mismo la fuerza para amar, y que en su lugar, sembraba miedo. Él intentaba protegernos, con los puños apretados y el corazón desgarrado. Mi hermano menor, en cambio, parecía habitar otro mundo: uno donde aún se podía reír con sinceridad, donde el miedo no había echado raíces. Yo... yo me movía entre los dos como una sombra confundida. A veces quería ser valiente, a veces quería olvidar. Pero, sobre todo, quería entender por qué la vida se sentía tan injusta.

Mi padre era un hombre derrotado desde antes que yo naciera. El alcohol lo convertía en un extraño, en un monstruo que no conocía límites. Su presencia en casa era como la tormenta que uno sabe que llegará, pero nunca sabe cuándo. Cada noche podía ser distinta: en una, el silencio; en otra, los gritos. En muchas, los golpes. Mi madre, era la única constante: trabajadora incansable, protectora silenciosa, mártir de un amor que se volvió castigo. Su mirada tenía siempre una mezcla de ternura y rebeldía, como si cada día muriera un poco más, sin que nadie lo notara.

Nos mudábamos con frecuencia. Demasiado. Recuerdo cada despedida, cada casa de renta en la que apenas colgábamos un cuadro antes de que tuviéramos que empacar de nuevo. La inestabilidad era parte de nuestra rutina. Cada ciudad nueva era un mapa por descifrar, cada vecindario un territorio incierto. El cambio constante de casas, de escuelas, de calles... me hacía sentir que no tenía raíces. Era como si nuestra existencia no tuviera un lugar legítimo donde quedarse. El hambre no siempre era física, aunque a veces también. Pero la más cruel era la emocional, esa necesidad de pertenecer, de sentirse seguro, de ser amado sin miedo.

Las noches eran especialmente largas. Recuerdo haberme tapado los oídos más veces de las que podría contar, deseando que el ruido cesara. Deseando que alguien, algo, interviniera. Pero nunca pasaba. Aprendí a dormir con un ojo abierto y el alma encogida. Mis sueños estaban llenos de ventanas rotas, de puertas que se cerraban antes de que pudiera cruzarlas. A veces soñaba con correr, con volar lejos. Pero al despertar, ahí estaban los mismos sonidos, los mismos rostros cansados, las mismas lágrimas en silencio.

No sé en qué momento exacto comencé a sentir que algo en mí se rompía. Tal vez fue cuando vi a mi madre encogerse ante un grito, o cuando vi a mi hermano llorar por protegernos. O tal vez fue cuando comprendí que los cumpleaños no se celebraban, que los abrazos eran fugaces, que el amor se daba entre líneas, si es que se daba. La tristeza se me fue metiendo en el cuerpo como el frío en invierno: lentamente, pero sin descanso.

Era una sombra que me seguía, incluso en los días más tranquilos.

A veces me escondía en el baño y lloraba en silencio. No porque entendiera lo que sentía, sino porque no sabía cómo detenerlo. Tenía miedo de mí mismo, de lo que algún día podría hacer o ser. Había tanta confusión en mi corazón que me parecía imposible que alguien me pudiera entender. Y por eso callaba. Porque, ¿para qué hablar si nadie escucha? ¿Para qué gritar si ya todo en casa era ruido?

Mi madre hacía lo posible por darnos algo de estabilidad, aunque fuera una comida caliente, una palabra suave. Pero ella también estaba rota. La veía llegar agotada del trabajo, con los pies hinchados y la mirada triste. A veces la encontraba llorando frente al fregadero. Nunca decía por qué. No hacía falta. Yo sabía. Todos sabíamos. Vivíamos en una casa sin sol, y ella era la única vela que intentaba no apagarse.

La escuela, cuando llegaba a ir, era otra batalla. Era el niño nuevo, el que nadie conocía, el que siempre llegaba a mitad del ciclo. Me costaba hacer amigos porque no sabía cuánto tiempo estaríamos ahí. ¿Para qué encariñarse si pronto volveríamos a empacar? Mis calificaciones eran un reflejo de mi mundo interior: inestables, a veces brillantes, otras opacas. Pero lo peor no era eso. Lo peor era fingir. Fingir que todo estaba bien. Fingir que no tenía miedo. Fingir que el dolor no existía.

A veces, en las madrugadas, cuando todos dormían, me sentaba junto a la ventana y miraba el cielo. No buscaba estrellas, buscaba respuestas. Me preguntaba si en algún lugar existía una familia diferente. Si había un hogar donde no se gritara, donde los niños pudieran dormir sin sobresaltos. Soñaba con tener una cama propia, con libros que no fueran prestados, con una voz que me dijera: "Todo estará bien". Pero esas palabras nunca llegaban.

Cada día era una prueba. Sobrevivir, adaptarse, callar. A veces me sentía como un pequeño soldado en una guerra que no había elegido. Y sin embargo, ahí estaba. Luchando. Aguantando. Esperando.

Hoy, al recordar esos días, siento un nudo en la garganta. Pero también un extraño orgullo. Porque, a pesar de todo, no me rendí. Porque ese niño triste, confundido y silencioso sigue vivo en mí, pero ya no está solo. Ahora sé que aquella casa sin sol no fue mi destino final. Fue el principio de un camino que me llevaría a descubrir algo mucho más grande que el dolor.

Pero eso... vendría después. Por ahora, me quedo con esa imagen: un niño frente a una ventana, mirando al cielo, buscando luz en medio de la oscuridad.

Capítulo 2: Aulas sin abrigo

Si los hogares eran estaciones de paso, las escuelas eran andenes donde mi soledad se sentaba a esperarme. Cada nuevo ciclo escolar era como volver a nacer, pero sin la ternura de un primer aliento. Era el niño nuevo. Siempre. A veces no sabía ni cómo me llamaban, porque los maestros pronunciaban mal mi nombre o simplemente no lo aprendían. Llegaba con los zapatos gastados, la mochila vieja y la mirada baja, como si pidiera perdón por existir.

Nunca tuve un lugar propio en las aulas. Me sentaba donde quedaba un espacio vacío, a veces junto al chico más callado, otras junto al más ruidoso, dependiendo del azar de los pupitres. Recuerdo el olor del gis, los rayones en los escritorios, las risas que no eran mías. A veces fingía escribir para no levantar la vista. El bullicio de otros niños me dolía más que el silencio de mi casa. Porque ellos podían reír, hablar de sus papás, contar sus vacaciones. Yo solo podía escuchar, y callar.

En algunas escuelas me integraban con desconfianza, como si fuera un bicho raro. En otras, me ignoraban por completo. Y en las peores, me convertían en blanco de burlas. Mis ropas humildes, mi acento de otra ciudad, mi torpeza para los juegos, todo servía para señalarme. Recuerdo una vez, en una escuela de paredes naranjas, un niño me empujó frente a todos. Me caí, los libros volaron y las carcajadas me envolvieron como cuchillos. Nadie me ayudó. Ni el maestro. Aprendí, ese día, que en la escuela también se puede estar solo.

Los cambios constantes hacían imposible sembrar raíces. Cuando por fin sabía el nombre de un compañero o me animaba a confiar en alguien, ya nos estábamos mudando. Mi madre aparecía una tarde con la noticia: "Nos vamos en una semana". Y todo comenzaba de nuevo. Nuevo uniforme, nueva dirección, nuevas miradas inquisitivas. Mi alma, que ya venía fracturada de casa, se volvía a agrietar con cada mudanza.

A veces soñaba con un lugar donde pudiera quedarme

más de un año, donde pudiera construir amistades, tener un maestro que me conociera más allá del número de lista. Pero ese sueño se deshacía con cada caja que empacábamos. Me dolía dejar los pocos espacios donde sentía algo parecido a la calma. Porque aunque fueran aulas frías, aunque no tuviera amigos, había momentos breves donde la voz de un profesor explicando una historia o una fórmula me daba paz. Era como si el conocimiento fuera una cuerda a la que podía aferrarme para no naufragar.

Pero esa cuerda era frágil. Mi concentración era un lujo que no siempre podía darme. Las noches en vela, los gritos en casa, el miedo constante me dejaban exhausto.

En clase, mi cuerpo estaba presente, pero mi mente vagaba. A veces miraba por la ventana y me perdía en las nubes. Otras, escribía frases tristes en los márgenes del cuaderno. Mis maestros solían decir que era inteligente, pero distraído. Nunca se preguntaban por qué.

Mi madre hacía lo que podía. Intentaba que no me faltara lo básico para asistir. A veces remendaba el uniforme del hermano mayor para que me quedara. O me compraba lápices usados, pero con punta. Ella creía en el poder del estudio, aunque a veces no entendía que no era la falta de útiles lo que me hería, sino la falta de contención emocional. Yo no necesitaba solo cuadernos, necesitaba un abrazo, una palabra, un maestro que dijera: "Estoy aquí para ti".

En alguna de esas escuelas, una maestra me miró diferente. Se llamaba Rebeca, tenía el cabello en una trenza larga y unos ojos claros que no juzgaban. Ella me preguntó un día por qué estaba triste. Yo mentí. Le dije que estaba cansado. Ella no insistió, pero desde entonces me trató con una ternura silenciosa. Me entendía, cuando revisaba mi cuaderno, no solo corregía errores. Dejaba palabras. Pequeñas frases escritas con tinta azul, como si fueran semillas. Ese día, al final de una tarea mal hecha, escribió: "Ánimo, no te rindas." No lo dijo en voz alta. No me miró con lástima. Solo dejo esa frase, como quien deja una vela encendida en medio de la oscuridad. Yo la leí una y otra vez. No sabía porque me conmovió tanto, pero algo dentro de mí se quebró y se reconstruyo al mismo tiempo. Años después, entendí que esa frase no era solo suya. Era la voz de Dios hablándome a través de ella. Era el Espíritu susurrando en medio del dolor: "No estás solo. Hay propósito en tu historia."

Esos pequeños gestos eran bálsamos. Me sostenían cuando el mundo parecía desmoronarse. Pero eran escasos, como gotas de lluvia en un desierto. La mayoría de las veces, el salón de clases era un lugar hostil, no por el contenido, sino por la indiferencia. Nadie sabía lo que pasaba dentro de mí. Yo era el niño que no hablaba mucho, que sacaba buenas notas a veces, malas otras. Uno más. Invisible.

Las evaluaciones eran tortura. No por los exámenes en sí, sino por el miedo a decepcionar a mi madre, a mí mismo. El fracaso escolar era, para mí, un espejo de todos mis fracasos emocionales. Y si obtenía una buena nota, no sabía a quién contárselo. Nadie celebraba mis logros. Nadie preguntaba. Yo aprendí a esconder también mis triunfos.

Las despedidas eran otro tipo de examen. Cada vez que nos íbamos, dejaba algo de mí en ese escritorio, en ese patio, en esa biblioteca. Sabía que nadie me extrañaría, pero yo sí extrañaría algo. Una risa, una maestra amable, una palabra escrita en el pupitre. Todo quedaba atrás como parte de un museo que solo yo visitaba en mi memoria. Un museo de lugares donde fui, pero nunca pertenecí.

Me volví hábil en el arte de adaptarse. Aprendí a no encariñarme. A no confiar. A no esperar nada. Me movía como un nómada, cargando mis libros, mis miedos y mi creciente silencio. A veces deseaba enfermar para no ir. Otras, deseaba quedarme en el salón para no volver a casa. Pero nunca encontraba refugio completo. Era como si el mundo entero me dijera: "No hay lugar para ti".

Una vez, en mi libro de escuela, encontré un segmento,

se titulaba "El Principito". Lo abrí por curiosidad y leí una frase que me atravesó: "Lo esencial es invisible a los ojos". Lloré. Porque yo era invisible. Pero tal vez, solo tal vez, era esencial.

Esa frase se quedó conmigo como una oración. Me aferré a ella en los días más oscuros. Cada vez que alguien me ignoraba, cada vez que cambiábamos de ciudad, cada vez que el aula se volvía extraña, yo repetía: "Soy esencial, aunque no me vean". Y eso me daba fuerza. No toda la que necesitaba, pero sí la suficiente para seguir yendo. Para seguir escuchando. Para seguir esperando que un día, alguien, en alguna parte, dijera mi nombre con amor.

Hoy entiendo que aquellas aulas sin abrigo forjaron en mí una sensibilidad especial. Aprendí a observar, a leer los silencios de otros, a notar cuando alguien también se sentía solo. Y en esos gestos de reconocimiento mutuo, encontré chispas de humanidad. No tuve una infancia académica brillante. No gané concursos ni destaqué en deportes. Pero sobreviví. Y a veces, eso es más valioso que cualquier medalla. Porque detrás de cada calificación, de cada cambio de escuela, había un niño intentando no desaparecer.Y ese niño, ese que escribía frase en sus cuadernos, ese que miraba el cielo desde la ventana del salón, sigue aquí. Aprendiendo. Soñando. Esperando la próxima página de su historia.

Capítulo 3: El cumpleaños que quebró mi infancia

El catorce de mis años llegó sin pastel ni globos. Ya estaba acostumbrado. Las celebraciones en mi casa eran silencios disfrazados, rutinas donde no se rompía la costumbre de callar. Pero ese día no fue como los demás. Ese día, mi mundo se quebró de forma definitiva. Ese día, mi madre dijo basta.

Era una mañana común, con el sol peleando por entrar por las cortinas raídas de la casa donde vivíamos entonces. Una casa más, una renta más, un vecindario nuevo que aún no se me hacía familiar. Mi madre se levantó temprano, como siempre. Preparó café, pan y los restos de lo que quedaba en la alacena. Su rostro era el de siempre: cansado, triste, pero dispuesto. Pero sus ojos... sus ojos tenían una llama distinta. Una mezcla de determinación y dolor.

Mi padre todavía dormía. O fingía. Lo hacía muchas veces, especialmente cuando los problemas económicos o las deudas tocaban la puerta. Había aprendido a esconderse bajo las cobijas y el alcohol. Yo lo observaba desde la puerta de mi habitación, sintiendo que algo iba a cambiar. Lo presentía. Lo temía.

—Hijos —nos dijo mi madre, con voz firme—. Hoy nos vamos.

Pensé que hablaba de una salida, una visita, tal vez una

mudanza más. Pero había una tensión en su voz que me hizo temblar. Mi hermano mayor la miró con los ojos entrecerrados. El menor, inocente aún, solo preguntó si podía llevar su carrito favorito.

—Nos vamos de esta casa. Nos vamos de esta vida.

Y así, el día en que se supone que debía sentirme feliz por cumplir un año más, sentí que el piso bajo mis pies se abría. Mi madre había decidido dejar a mi padre. Después de veinte años de matrimonio, de heridas, de aguantar lo inaguantable, de lágrimas a escondidas y golpes que dolían más en el alma que en el cuerpo, había dicho basta.

No hubo gritos. No hubo reclamos. Solo silencio. Un silencio espeso, denso, que lo decía todo. Empacamos lo poco que podíamos cargar y salimos por la puerta con el corazón palpitando. Él no intentó detenernos. Tal vez sabía que ese día llegaría. Tal vez ya no le importaba. O tal vez le importaba demasiado, pero no sabía cómo enfrentarlo. Lo cierto es que cuando crucé esa puerta, sentí que algo en mí se quedaba atrás: mi infancia. O lo poco que quedaba de ella.

Nos fuimos a otra ciudad, a casa de mis abuelos maternos. El viaje fue largo, pesado. Íbamos en silencio, los tres hermanos y mi madre, con los ojos clavados en la ventana del autobús, viendo cómo el paisaje cambiaba, como si también quisiera huir con nosotros. Yo no lloré. No porque no quisiera, sino porque no podía. El dolor era tan hondo que me había dejado mudo por dentro.

Al llegar, mis abuelos nos recibieron con un abrazo. Mi abuelo era un hombre recto, duro, machista. Su casa era su templo, y sus reglas eran ley. Me abrazó con un abrazo frío. Solo asintió con la cabeza y me señaló el cuarto donde dormiríamos. Mi abuela, en cambio, me acarició con la mirada y me dijo esta es su casa, me ofreció un poco de café y me miró con ternura. En su silencio había amor. Un amor tímido, temeroso, pero real.

Esa noche, dormí en un colchón en el suelo, rodeado de mis hermanos, en un cuarto extraño. La oscuridad era distinta a la que conocía. No había gritos, no había pasos tambaleantes ni insultos atravesando la puerta. Pero tampoco había paz. Mi mente era un torbellino. Me preguntaba si había hecho algo mal, si podía haber cambiado algo. Me preguntaba por qué todo tenía que doler tanto.

Los días siguientes fueron extraños. Mi madre parecía más ligera, pero también más frágil. Se le notaba el alma desgastada. Pasaba horas en silencio, mirando, tomando café como si buscara respuestas en el fondo de la taza. Mis tías y tío venían a visitarnos. Nos ayudaban en lo que podían, animaban a mi madre. Yo lo oía todo. Aunque fingiera que no.

Me costaba adaptarme. Todo era nuevo: la casa, la escuela, los horarios, las reglas. Me sentía como un intruso, como un inquilino de la vida. Mi abuelo era estricto. No le gustaban los jóvenes que lloraban, que hablaban de más, que mostraban debilidad. Así que aprendí a esconder mi tristeza. A sonreír cuando me preguntaban cómo estaba. A fingir que me gustaba la sopa, que me sentía cómodo. Pero por dentro, me dolía todo.

Mi madre y abuela eran un consuelo. Me preparaban mi comida favorita, me dejaban quedarme más tiempo en la mesa, me contaban historias del pasado. Sus manos eran suaves, sus voces eran como una canción antigua que calmaba mis miedos. Gracias a ellas, mi corazón no se cerró del todo.

Pero la depresión... Esa llegó sin pedir permiso. Tenía catorce años, y el mundo me parecía un lugar hostil. Empecé a dormir mal, a evitar a los demás. Perdí interés en la escuela, en los juegos, en la vida. Me encerraba en el baño para llorar. Escribía en cuadernos que escondía bajo el colchón. Mi madre lo notaba, pero también luchaba con sus propios fantasmas. No podía darme lo que no tenía.

Mi hermano mayor se volvió más callado. Sentía que cargaba el peso de todos. Intentaba ayudarnos, protegernos, ser el hombre de la casa. Pero también era un adolescente, y tenía miedo. El menor, por su parte, seguía siendo luz. Su inocencia era un faro en medio de la tormenta. A veces lo abrazaba fuerte, como si al hacerlo pudiera protegerlo de todo. Como si pudiera protegerme a mí mismo.

El día de mi cumpleaños, ese día en que mi madre nos sacó de casa, cambió todo. No solo por la separación, sino por lo que despertó en mí. Fue el inicio de un camino difícil, lleno de preguntas, de silencios, de búsquedas. Fue el día en que dejé de ser niño sin saber cómo ser joven. El día en que comprendí que el amor no siempre salva, que a veces hay que alejarse para sobrevivir.

No culpo a mi madre. Ella hizo lo que pudo. Nos salvó. Nos rescató. Tal vez no sabía cómo sanar nuestras heridas, pero nos sacó del infierno. Y eso, ahora lo entiendo, fue un acto de amor valiente.

Hoy, cuando recuerdo ese día, no puedo evitar llorar. No de tristeza, sino de reconocimiento. Porque fue un parteaguas. Un antes y un después. El inicio de un largo camino hacia la luz. Un camino que, aunque lleno de espinas, también estuvo sembrado de pequeñas flores: una mirada tierna de mi abuela, una palabra de aliento de mi madre, un hermano mayor que me protegía cuando creía que me rompía.

Ese cumpleaños, sin pastel ni regalos, fue el regalo más grande: la posibilidad de empezar de nuevo. Aunque no lo supiera entonces. Aunque doliera como nunca.

Y aquí estoy, años después, escribiendo estas líneas con el corazón en la mano. Porque mi historia merece ser contada. Porque aquel niño que se sentó en un colchón prestado, en una ciudad nueva, llorando en silencio, también es parte de quien soy hoy. Y merece ser escuchado. No fue un final. Fue el principio. El principio de mi verdad. De mi reconstrucción. De mi búsqueda de luz.

Capítulo 4: **El trabajo perdido**

A los diecinueve años, lo único que deseaba era una oportunidad. No una gran hazaña, no un milagro. Solo una puerta entreabierta, un pequeño respiro que me dijera que podía ser parte del mundo de los adultos sin que todo se derrumbara. Conseguí mi primer trabajo y lo abracé con el alma. Era un empleo sencillo, nada de lo que presumir, pero para mí era un símbolo: el comienzo de mi independencia, de mi valía.

Me levantaba cada mañana con una mezcla de ansiedad y esperanza. Me ponía la ropa que tenía, alisaba mi camisa con las manos, me peinaba con esmero frente al espejo agrietado. Quería demostrar que podía hacerlo, que podía ser responsable, útil, alguien. Pero por dentro, la tormenta seguía viva.

La tristeza que me acompañaba desde niño no se había ido. Solo se había disfrazado. Ahora no lloraba en los baños, ahora aguantaba en silencio, con la mandíbula tensa y los pensamientos dando vueltas. No dormía bien. Me costaba concentrarme. A veces me olvidaba de tareas simples. Me bloqueaba, me encerraba en mi cabeza. Y en el mundo laboral, nadie te pregunta si estás bien. Solo esperan que cumplas.

Mis compañeros me miraban con desdén. Algunos decían que parecía distraído, que no tenía chispa. El jefe era severo, impaciente. No entendía mi lenguaje callado, mis dudas, mis titubeos. Yo hacía lo posible por encajar, pero cada día era una batalla contra mí mismo. Mi autoestima estaba tan frágil como un cristal golpeado por años. No confiaba en mis decisiones. Dudaba de cada paso que daba.

Y un día, sin aviso previo, me llamaron a la oficina. Me dijeron que no daba el perfil, que no me veían motivado, que había personas con más empuje. Yo asentí. No supliqué. No lloré. Me limité a recoger mis cosas con una dignidad que me costó horrores mantener. Afuera, el mundo seguía su curso. Adentro, yo me rompía por dentro. Había fracasado. O al menos, eso creí.

Volví a casa caminando, con los zapatos gastados y el alma más. Cada paso pesaba. No sabía qué decirle a mi madre. No sabía cómo mirarme al espejo. Sentí que todo lo que había intentado construir se derrumbaba. Mi mente, que ya venía herida, se sumió en una oscuridad más densa.

La depresión no tiene rostro. A veces se disfraza de cansancio, de desgano, de apatía. Yo solo sabía que no quería levantarme de la cama, que cada nuevo día me parecía un castigo. Me sentía inútil, incapaz, sin rumbo. ¿Quién me daría otra oportunidad si ya había fallado en la primera?

Mi madre intentó consolarme, pero ella también estaba

agotada. Mi hermano mayor me hablaba de salir adelante, de buscar otra cosa, de no rendirme. El menor me animaba. Y aunque sus gestos eran bálsamos, el vacío seguía. Porque el dolor no siempre se alivia con palabras. Porque a veces el alma necesita gritar y no sabe cómo.

Me senté por horas en la azotea, mirando el horizonte. Veía a la gente pasar, con sus trajes, sus mochilas, sus vidas. Me sentía un espectador de la realidad. Como si todos supieran el guión menos yo. Como si me hubieran dado un papel sin enseñarme mis líneas.

Recuerdo una tarde gris, en la que llovía fuertemente. Me quedé mojándome bajo la lluvia sin importarme.

No porque quisiera dramatizar, sino porque ya no me importaba. Me sentía desbordado. Y sin embargo, algo dentro de mí seguía latiendo. Una voz muy tenue, casi inaudible, que me decía: "Aguanta un poco más".

Y aguanté. No sé cómo, pero lo hice. Empecé a esperar más. A caminar más. A llorar cuando lo necesitaba. A hablar con Dios en silencio, aunque ni siquiera supiera si me escuchaba. A veces solo decía su nombre. Otras veces le decía que no podía más. Y en esas pequeñas oraciones desesperadas, encontré algo de alivio.

Con el tiempo, entendí que perder ese trabajo no era el fin, aunque en su momento lo pareció. Era una señal. Un alto. Una oportunidad para reconocer que necesitaba sanar antes de avanzar. Que mi alma no podía cargar tanto sin desbordarse.

Hoy miro hacia atrás y veo a ese joven de diecinueve años con ternura. No fue un fracasado. Fue un guerrero. Uno cansado, confundido, herido, pero valiente. Porque seguir respirando cuando todo duele también es una forma de valentía. Porque levantarse después de caer es un acto de fe.

Perdí ese trabajo, sí. Pero encontré algo más valioso: la conciencia de que mi valor no depende de un empleo, ni de un salario, ni de la mirada de un jefe. Mi valor está en mi esencia, en mi historia, en mi capacidad de sentir, de amar, de resistir.

Y aunque aún quedaba un largo camino por recorrer, ese fue el primer paso hacia mi reconstrucción. El comienzo de un viaje interno que, sin saberlo, me estaba llevando de la oscuridad hacia la luz.

Capítulo 5: Un poco de pan, nada de paz

Entré a trabajar a un hospital como intendente, con un uniforme azul, escoba en mano y el corazón cargado de anhelos. A primera vista, era un trabajo como cualquier otro: limpiar pasillos, vaciar botes de basura, mantener la pulcritud de un lugar que respiraba enfermedad y esperanza. Pero para mí, era mucho más. Era una isla de estabilidad en medio de mi naufragio.

Con cada jornada cumplida, sentía que me ganaba un sitio en el mundo. Mi nombre figuraba en una nómina. Tenía un gafete. Un sueldo quincenal. Una rutina. Algo que decir cuando alguien me preguntaba: "¿A qué te dedicas?". Era la primera vez que podía responder sin evadir la mirada.

Mi madre estaba orgullosa. No decía mucho, como siempre, pero se le notaba en el gesto. Mi hermano mayor me aplaudía en silencio, como quien entiende lo que cuesta cada pequeño logro. Y mi hermano menor, me miraba como si yo fuera un héroe que volvía del campo de batalla.

El trabajo era duro. Había días en que el olor a desinfectante se mezclaba con el llanto de las salas de espera, y yo me sentía como una pieza invisible de un engranaje inmenso. Pero también había algo de dignidad en mi labor. Aunque nadie lo dijera, yo sabía que mantenía el orden en medio del caos. Que mi escoba también era una forma de cuidar vidas.

Fue en uno de esos pasillos donde conocí a Mayela. No fue un encuentro romántico de película. Fue más bien una conversación tímida, mientras ella caminaba en su área de trabajo y yo pasaba por ahí. Su voz era suave, su mirada honesta. Empezamos a hablar de cosas simples: el clima, los turnos, la vida. Y de a poco, sin que me diera cuenta, se convirtió en mi refugio.

Mayela no sabía todo lo que yo arrastraba. No conocía mis noches en vela, mis demonios internos, mis silencios rotos. Pero aun así, me miraba con una ternura que yo no creía merecer. Me escuchaba. Me preguntaba cómo estaba. Me hacía sentir visto. Y eso, para alguien como yo, era un milagro.

Nos enamoramos con lentitud, como se aprende a nadar en un río profundo. Ella era mi paz cuando el mundo me gritaba. Era mi consuelo cuando las sombras se acercaban. Me aferré a su amor con una mezcla de esperanza y miedo. ¿Y si algún día descubría lo que había dentro de mí y decidía irse? ¿Y si no podía con mi oscuridad?

Aun así, me atreví a dar el paso. Nos casamos. Fue una ceremonia modesta, pero sincera. No hubo lujos, pero sí lágrimas de emoción, abrazos sentidos y una promesa: construir juntos un hogar diferente al que yo conocí. Tuvimos dos hijas. Dos soles que vinieron a iluminar rincones de mi vida que ni yo sabía que existían. Su risa era mi medicina. Su existencia, mi motor.

Y sin embargo, algo dentro de mí seguía roto. Por fuera, parecía que todo iba bien. Trabajo estable, familia hermosa, casa alquilada pero cálida. Pero por dentro... por dentro seguía el mismo niño que miraba por la ventana preguntándose si algún día llegaría la luz. El vacío que me habitaba no se llenaba con abrazos ni con risas. Era un hueco más hondo. Un hueco de Dios.

Empecé a beber. No de golpe, no de forma escandalosa. Al principio eran cervezas para relajarme después del trabajo. Luego copas para dormir mejor. Después, tragos para silenciar las voces internas. Y sin darme cuenta, el alcohol se volvió una muleta, una sombra constante. Mayela lo notó, claro. Me miraba con preocupación. Me hablaba con dulzura. Me pedía que me cuidara. Pero yo no sabía cómo explicarle que el dolor que cargaba no tenía nombre.

Cada vez que me veía al espejo, veía a un hombre dividido: uno que sonreía con sus hijas y otro que se derrumbaba en soledad. A veces me preguntaba si era justo para ellas tener un padre como yo. Si algún día repetiría los errores de mi propio padre. Esa idea me aterraba.

Ore. Muchas noches ore. No con palabras aprendidas, sino con gritos silenciosos al cielo. Le pedía a Dios que me ayudara, que me mostrara el camino. Que me sacara de ese abismo. A veces sentía que no me escuchaba. Otras, sentía que sí, pero que aún no era el tiempo.

Y entonces llegó una convocatoria. Una oportunidad para estudiar citotecnólogo profesional. Cuatro plazas. Ciento cincuenta aspirantes. Un reto impensable. Pero algo en mí —una chispa, una locura, un acto de fe— me empujó a intentarlo. Estudié como nunca antes. Me encerraba horas con los libros, luchando contra mi propio escepticismo.

Y sucedió. Contra todo pronóstico, quedé en primer lugar. No lo creí. Pensé que era un error. Pero no lo era. Dios había escuchado. Me estaban dando una nueva oportunidad. Me prepararon durante un año y luego me asignaron a una plaza en otra ciudad. Era una bendición, sí. Pero también una carga. Porque significaba separarme de mi familia.

Comenzó así una nueva etapa. Cada semana viajaba para ver a Mayela y a mis hijas. Me iba los lunes con el corazón encogido y regresaba los viernes con el alma cansada. Gastaba más en traslados que en descanso. Las madrugadas eran largas. Las despedidas, dolorosas. El vacío volvía, con más fuerza. Empecé a cuestionar todo. Incluso a Dios.

"¿Por qué me das esto si luego me lo quitas?", le decía. "¿Por qué me haces elegir entre mi vocación y mi hogar?". Me sentía atrapado, dividido, agotado.

Fue ahí cuando, en medio de una de esas crisis, un compañero me dijo: "No pierdas la fe. Dios está contigo, aunque no lo veas". Su voz fue un susurro que me estremeció. Y por primera vez en mucho tiempo, lloré con esperanza. Porque tal vez, solo tal vez, aún no estaba solo.

Ese fue el principio de otro viaje. Uno mucho más profundo. Uno que me llevaría no solo a cambiar de trabajo, sino de alma. Porque el pan que ganaba me daba sustento, pero no me daba paz. Y era hora de buscar algo más.

Algo eterno. Algo divino. Algo que llenara de verdad ese hueco que había vivido dentro de mí desde que era niño.

Capítulo 6: La luz que me llamó por mi nombre

La vida en aquella ciudad extraña, lejos de mi familia, se volvió una mezcla de rutina, cansancio y preguntas sin respuesta. Mi trabajo como citotecnólogo era exigente, pero me daba la dignidad que tanto había anhelado. Había logrado lo que parecía imposible. Tenía un oficio, una plaza, una especialidad. Pero aun así, al final del día, el silencio del departamento alquilado me devoraba.

Cada domingo por la noche, después de haber pasado el fin de semana con mi esposa y mis hijas, volvía a empacar con un nudo en el estómago. El trayecto de regreso era siempre más largo. La carretera parecía una cinta infinita que me alejaba de lo que más amaba. Me dolía dejar a mis hijas dormidas, a Mayela mirando por la ventana mientras me despedía. A veces, ella no lloraba para no debilitarme. Pero yo sabía. Yo también fingía fortaleza.

Los lunes amanecía con el cuerpo en otro sitio y el alma aún abrazando a mis hijas. Me levantaba, desayunaba solo, me iba al hospital, y ahí pasaban las horas entre muestras, microscopios y silencios. Al principio, la novedad del trabajo me mantenía ocupado. Pero con el tiempo, el cansancio acumulado, la soledad, la distancia emocional y los conflictos internos fueron ahogándome.

Empecé a sentir que estaba viviendo por inercia. Que trabajaba solo para sobrevivir. Que cada día era un proceso de obligaciones sin sentido. Y aunque tenía todo lo que en otro tiempo había deseado, no me sentía completo. El vacío era el mismo. Solo había cambiado de forma.

A veces renegaba de Dios. Le hablaba con dureza. Le reclamaba. "¿De qué sirve todo esto si estoy tan solo? ¿Por qué me das logros si no me das paz? ¿Por qué tengo que elegir entre alimentar a mis hijas y verlas crecer?". No obtenía respuestas. Solo más silencio. Y ese silencio, a veces, dolía más que cualquier palabra.

Fue entonces cuando sucedió algo que cambiaría mi

vida para siempre.

Un día, una amiga de mi esposa nos invitó a una iglesia presbiteriana. Nos habló con calma, sin presión. Nos dijo que ahí había encontrado respuestas. Nosotros no éramos cristianos. No practicábamos ninguna religión. Nuestra fe era frágil, tambaleante. Pero algo en su voz nos hizo aceptar. Fuimos un domingo, sin esperar nada. Nos sentamos al fondo, con los brazos cruzados, el rostro serio. Observábamos.

Escuchábamos. Dudábamos.

El pastor habló de entrega, de rendirse con el corazón. De no solo creer en Cristo, sino de invitarlo a vivir dentro de uno, de verdad. De dejar entrar al Espíritu Santo. Sus palabras no eran de juicio, sino de consuelo. Algo dentro de mí se removió. Como si una puerta olvidada se entreabriera.

Esa noche, oré. Pero no como antes. Esta vez lo hice desde el fondo de mi alma. Le pedí a Dios, casi con vergüenza, una gota. Una sola gota de su Espíritu. No sabía cómo funcionaba. No entendía teología. Solo sabía que ya no podía más. Necesitaba ayuda. Que si Él era real, entonces lo necesitaba conmigo.

Pasaron unos días. Yo seguía orando cada noche. En silencio, a veces entre lágrimas. Y entonces, llegó un pastor evangelista internacional. De Chile recuerdo muy bien su presencia. Tenía una forma de hablar que atravesaba. No con gritos, sino con verdad. El domingo 21 de noviembre de 2004, a las 7:00 p.m., escuché el llamado. Me levanté de mi asiento y caminé al frente. No sé cómo. No fue una decisión lógica. Fue como si alguien me tomara de la mano y me dijera: "Es tu momento".

Me entregué a Cristo con todo mi ser. No con la mente. Con el alma. Con las heridas, con los miedos, con las culpas, con el pasado. Lo solté todo. Y lloré. Lloré como no había llorado desde niño. Sentí una paz extraña. Como si me envolvieran con una manta caliente en medio de un invierno perpetuo.

Pero lo más profundo ocurrió unos días después.

La madrugada del jueves 25 de noviembre de ese mismo año, me desperté con una sensación distinta. La habitación estaba en silencio. El aire era denso, pero no pesado. Me senté en la cama. Y de pronto, una luz. Una luz blanca, intensa, más potente que el sol. Pensé que había explotado una gasolinera que estaba a dos cuadras. Pero no, no dolía. No quemaba. Pero me cegó. Todo se volvió blanco. No podía ver nada más.

Esa luz me envolvió. Me cubrió por completo. Y luego… la sentí entrar. Dentro de mí. No era una alucinación. Era real. Como un viento suave y poderoso a la vez. Recorrió cada célula de mi cuerpo. Cada rincón. Cada herida. Cada sombra. Y entonces lo supe. Era Él. Era el Espíritu Santo.

No hay palabras para describirlo. Era amor. Era paz. Era verdad. Era Dios. No el de los libros, no el de los sermones. Era el Dios vivo. El que sana. El que transforma. El que llama por el nombre. Y ese día, me llamó a mí.

Cuando la luz se fue, no era el mismo. Algo se había quebrado. O tal vez se había reconstruido. Me arrodillé y lloré. Agradecí. Me sentí, por primera vez en mi vida, completamente amado. Visto. Aceptado. No por lo que hacía, no por lo que tenía, sino por quien era.

Mi hogar cambió. Mi mirada cambió. El dolor seguía, sí. Pero ya no estaba solo para cargarlo.

El Dios al que le había gritado, el que creía lejano, me había abrazado con luz.

Y esa luz… nunca se fue.

Luz En Mi : Una Historia Real

Foto exterior donde ocurrió el encuentro (Foto parecida pero ficticia)

Luz En Mi : Una Historia Real

Foto interior donde ocurrió el encuentro (Foto parecida pero ficticia)

Capítulo 7: Bautismo de fuego y agua

Después de aquella madrugada en la que la luz me envolvió, nada volvió a ser igual. No me refiero a lo externo —el trabajo seguía, los lunes aún eran pesados, los gastos persistían—, me refiero a algo más profundo, más invisible: mi alma. Había despertado. Y por primera vez, deseaba vivir, no solo sobrevivir.

Diciembre llegó con su manto de aire fresco y un nuevo fervor en mi pecho. Todo era distinto. La casa, aunque pequeña y con sus carencias, se sentía luminosa. Mayela me miraba con otros ojos. No porque yo hubiera cambiado del todo, sino porque algo en mí había comenzado a sanar. Mis hijas reían más, o quizá era yo quien por fin escuchaba sus risas.

Decidimos, como familia, dar un paso más: hacer pública nuestra fe. No era solo una decisión espiritual, era una declaración de libertad, de renacimiento. El día del bautismo se fijó para mediados de diciembre. Recuerdo cómo se preparó todo con sencillez, pero con una reverencia que me estremecía. No había oropel, ni grandes decoraciones, solo una iglesia, unas bancas dispuestas, un púlpito y un pastor. Y sin embargo, en ese espacio cabía el cielo.

Esa mañana me levanté temblando. No de miedo, sino de emoción. Había esperado toda mi vida por un momento como ese, aunque no lo supiera. Había caminado entre sombras, buscando algo que no podía nombrar, y ahora sabía que lo había encontrado: la presencia viva de Dios.

Llegamos al templo como si camináramos hacia el umbral de algo sagrado. Íbamos los cuatro. Mi esposa, mis hijas y yo. Vestíamos con lo mejor que teníamos. Pero no era la ropa lo que nos vestía, era la gracia. El pastor nos recibió con una sonrisa que parecía contener siglos de esperanza. Nos miró como si ya supiera todo lo que habíamos atravesado. Como si, en ese gesto, nos dijera: "Bienvenidos a casa".

La ceremonia comenzó con alabanzas. Los himnos hablaban de redención, de gracia, de un amor que no abandona. Yo no cantaba. Lloraba. Y en cada lágrima iba soltando los años de angustia, los gritos de mi padre, las mudanzas, el trabajo perdido, la soledad, el alcohol, el miedo. Todo se iba. Como agua que por fin encuentra cauce.

Cuando llegó nuestro turno, el pastor nos llamó por nombre. Nos pusimos de pie. Caminamos al frente. El silencio se hizo espeso. No porque faltaran sonidos, sino porque el Espíritu llenaba el aire. Mayela se arrodilló primero. La vi cerrar los ojos con devoción, sus labios murmurando una oración. Cuando fue bautizada, sus ojos brillaban. Luego, mis hijas, pequeñas y sonrientes, como si supieran que ese día sus vidas también cambiarían. Y entonces, yo.

Entonces yo me arrodille y derramó agua sobre mi cabeza era como derramando la misericordia de Dios. El pastor alzó su mano, pronunció mi nombre, y dijo: "En el nombre del Padre, del Hijo y del Espíritu Santo, te bautizo". Sentí que por fin respiraba por primera vez. El agua no era solo agua. Era fuego purificador, era memoria, era futuro. Era Dios lavando mis heridas, no con olvido, sino con propósito. Ya no era el mismo. Ya no era solo el hijo del dolor. Ahora era hijo de la gracia.

La congregación estaba emocionada. Algunos lloraban. Pero yo solo veía el rostro de mis hijas, radiantes. Ellas, que habían conocido al padre apagado, ahora me veían renacer. Y yo las miraba con un compromiso renovado: amarlas, guiarlas, no desde la culpa, sino desde la luz.

Volvimos a casa con el corazón en alto. Cenamos juntos. Dimos gracias. Cantamos. Oramos. Esa noche no hubo pesadillas. Dormimos como si los ángeles nos arroparan.

Desde entonces, las cosas no fueron mágicamente perfectas. Seguíamos enfrentando problemas, escasez, distancias. Pero había algo nuevo en nosotros: esperanza. Y no esa esperanza débil que espera que algo cambie desde fuera, sino la esperanza firme que sabe que lo más importante ya cambió dentro.

Yo seguía trabajando en otra ciudad. Los viajes eran

duros. Las despedidas, también. Pero ahora tenía un motivo. Ahora sabía que el sacrificio tenía sentido. Y cada regreso era una fiesta. Cada abrazo con mis hijas, una oración. Cada beso de Mayela, un pacto renovado.

Poco a poco, comencé a compartir mi testimonio. No como un sermón, sino como una historia viva. Hablaba con otros trabajadores. Les decía que sí se puede salir del abismo. Que Dios sí responde. Que no importa lo roto que uno esté, siempre hay redención.

Y fue en ese compartir donde sentí el segundo llamado: servir. No solo vivir para mí y mi familia, sino para los demás. Pero eso… eso sería parte de otro capítulo.

Por ahora, me quedo con este: el día en que el agua limpió mi pasado y me regaló un presente nuevo. El día en que la luz que me había tocado en la madrugada se hizo carne en mi historia. El día en que mi familia entera, unida, dijo: "Sí, Señor. Aquí estamos".

Y desde entonces, cada diciembre, no celebro solo la Navidad. Celebramos el nacimiento de una nueva vida. La de nosotros.

Capítulo 8: De regreso al hogar prometido

Después del bautismo, cada paso que daba era como si lo diera con otros pies. No más el andar cansado de alguien que solo sobrevive. Ahora caminaba como quien cree, como quien espera. Pero la distancia con mi familia seguía marcando el ritmo de mis semanas. A pesar del renacimiento espiritual, el corazón se desgastaba cada lunes en que debía decir adiós.

La ciudad donde trabajaba me recibía con su gris cotidiano. Me levantaba temprano, iba al hospital, cumplía mis labores con diligencia. Ya no era el mismo de antes, lo sabía. Mi trato con los demás había cambiado. Había paz en mis palabras, respeto en mi tono, gratitud en mi actitud. Pero seguía solo. Y aunque ahora sabía que Dios estaba conmigo, mi corazón anhelaba algo más: estar con mi familia.

Cada viernes, al subirme al autobús, contaba los minutos. El trayecto parecía eterno. Y cuando llegaba, los abrazos con mis hijas eran bálsamos. Mayela me esperaba con una comida y una sonrisa que hablaba más que mil palabras. Pero las horas juntos eran pocas, y el domingo en la tarde, la tristeza volvía a envolverse conmigo.

Empecé a orar con más fuerza. Le pedía a Dios, esta vez no con desesperación, sino con confianza: "Señor, si tú me trajiste hasta aquí, tú también puedes regresarme con mi familia. Abre la puerta. Hazme digno de volver".

Pasaron meses. Algunos días, la esperanza se desvanecía como vapor en el aire. Pero entonces, sucedió. Un llamado. Una notificación interna. Una plaza definitiva. En mi ciudad natal. Cerca de mi hogar. Con estabilidad.

Cuando recibí la noticia, me quedé en silencio. Cerré los ojos. Y lloré. Lloré como quien ha caminado por el desierto y encuentra agua. Dios había respondido. Había visto mi fidelidad. Y me traía de vuelta, no con las manos vacías, sino con la frente en alto.

Recuerdo el día que empaqué mis cosas. Cada objeto

era un testimonio de lucha. Doblé mi ropa con cuidado, como si al hacerlo también doblará la página de un capítulo que llegaba a su fin. Antes de irme, me detuve frente al umbral de aquel departamento y di gracias. Porque aunque fue lugar de soledad, también fue tierra de transformación. Allí conocí a Dios. Allí me formé.

Al llegar a casa, la escena fue como un sueño. Mayela corrió a abrazarme. Mis hijas gritaban de alegría. El aire olía diferente. La luz del atardecer se colaba por las ventanas como una promesa cumplida. Era como volver al Edén después del exilio.

No teníamos lujos. No nos sobraba nada. Pero lo teníamos todo. Porque estábamos juntos. Porque había amor. Porque Dios era el centro.

Esa noche hicimos una cena sencilla. Oramos. Agradecimos. Dormimos los cuatro en la misma cama, como si quisiéramos compensar todo el tiempo perdido. Y mientras escuchaba la respiración de mis hijas, sentí una paz que no había sentido nunca. Era la paz del cumplimiento. La paz del hogar.

A partir de entonces, cada día fue un regalo. No porque no hubiera dificultades, sino porque sabía de dónde venía y lo que había costado llegar. Volví a mi trabajo con otro espíritu. Saludaba a todos. Escuchaba a los pacientes. Era trabajador, dedicado. No porque me lo exigieran, sino porque ahora sabía que servir también era honrar a Dios.

La iglesia presbiteriana se convirtió en nuestro refugio. Participábamos en las reuniones, en los estudios bíblicos, en las oraciones. No era una rutina. Era una familia extendida. Una comunidad que caminaba con nosotros. Que oraba con nosotros. Que crecía con nosotros.

Y fue en ese contexto de fe, servicio y gratitud donde ocurrió algo que nunca imaginé: fui llamado a ser Diácono y posteriormente Anciano de Iglesia.

Cuando el pastor me lo propuso, sentí miedo. ¿Yo? ¿El hijo del dolor, el muchacho que lloraba en los baños, el hombre que estuvo perdido en la oscuridad? ¿Cómo iba yo a guiar, a enseñar, a acompañar?

Pero el pastor me miró con serenidad. "Dios no llama a los capacitados", me dijo. "Capacita a los llamados".

Y acepté. No por orgullo, sino por obediencia. Porque sabía que si Él me había sacado del abismo, también me sostendría en la cima. Porque no era mi fuerza, era la suya. Porque yo solo era un testimonio vivo de su poder.

Volver a mi ciudad, con mi familia, con una plaza definitiva, y ser llamado al servicio en la iglesia, no era casualidad. Era el propósito. Era un diseño divino. Era la culminación de un viaje y el inicio de otro.

Ese capítulo de mi vida me enseñó que Dios no sólo salva. También restaura. Que no solo escucha. También responde. Que no solo llama. También acompaña.

Y cada vez que veo a mis hijas, cada vez que abrazo a Mayela, cada vez que subo al púlpito con la Biblia en mano, recuerdo de dónde vengo. Y digo, con lágrimas en los ojos: "Gracias, Señor. Me trajiste de vuelta".

A casa. A tu propósito. A tu luz.

Capítulo 9: El llamado de Anciano de Iglesia

Aceptar ser Anciano de la iglesia fue como abrir una puerta que no sabía que existía en mí. No era una posición que hubiera buscado. No me consideraba digno. Pero había aprendido que Dios no se guía por los estándares del mundo. Él ve lo que nadie ve. Él escoge a los rotos para mostrar su gloria. Y en mí, había mucho de eso: rotura, grietas, heridas. Pero también un corazón dispuesto.

Los primeros días fueron una mezcla de alegría, temor y reverencia. Comencé a prepararme, a estudiar las Escrituras con más profundidad, a asistir a cada reunión con el corazón abierto. Había algo nuevo en mí: sed.

Sed de Dios. De su palabra. De su voluntad. Ya no era el hombre que buscaba sobrevivir. Ahora quería servir.

En la iglesia me miraban con respeto. Algunos conocían mi historia, otros apenas intuían las cicatrices que cargaba. Pero todos, sin excepción, me trataban con cariño. Me sentía parte de una familia mayor. Una familia que me abrazaba, no por mis logros, sino por mi fe.

Fui nombrado oficialmente en una ceremonia sencilla pero cargada de significado. Me impusieron las manos. Oraron por mí. Me encomendaron al servicio. Sentí un calor recorrer mi cuerpo. No era emoción. Era un fuego sagrado. La responsabilidad pesaba, pero también era un honor. Ser un instrumento de Dios entre mi comunidad, guiar, escuchar, orar, sostener... todo eso me llenaba.

Comencé a predicar ocasionalmente. Al principio con temor, con voz temblorosa. Pero la palabra fluía. No porque yo fuera elocuente, sino porque hablaba desde mi historia. Desde mi encuentro con Dios. Desde mi verdad. Y la gente escuchaba. Y yo solo respondía: "Todo es para la gloria de Dios".

Evangelizar se volvió parte de mi vida. Ya no podía callar lo que había vivido. Empecé a compartir mi testimonio con quienes estaban perdidos como yo estuve. Con hombres que bebían para olvidar. Con jóvenes que no veían futuro. Con madres que criaban solas. Les hablaba de un Dios real. No de religión, sino de relación. No de reglas, sino de restauración.

Cada visita a un enfermo, cada oración por una familia en crisis, cada palabra de consuelo, era como devolverle al mundo un poco de lo que yo había recibido. Sentía que mi pasado, con todo su dolor, tenía sentido. Que Dios no lo había permitido por crueldad, sino por propósito. Porque nadie puede guiar si no ha caminado por el valle de sombra. Nadie puede consolar si no ha llorado. Nadie puede hablar de luz si no ha conocido la oscuridad.

En casa, mi familia también florecía. Mayela, mi

compañera fiel, se había vuelto mi aliada en la fe. Mis hijas crecían viendo a su padre transformado, comprometido, lleno de Dios. Orabamos juntos. Cantábamos. Leíamos la Biblia. Teníamos devocionales. Y eso era más valioso que cualquier herencia material que pudiera dejarles. Les estaba dando algo eterno: una vida en Cristo.Pero no todo fue fácil. Ser Anciano también implicaba luchas. Había críticas, incomprensiones, noches de desvelo, decisiones difíciles. Pero en cada tormenta, me aferraba a Aquel que me había llamado. No estaba solo. El Espíritu Santo me guiaba. Me sostenía. Me hablaba en lo secreto. Me corregía con amor. Me levantaba cuando caía.

Una vez, después de una predicación, una mujer se acercó. Me tomó de la mano y dijo: "Gracias. Hoy sentí que Dios me habló por medio de usted". Esa frase me marcó. Porque eso era, en el fondo, lo que anhelaba: ser voz de Dios en la tierra. Ser puente. Ser eco.

Y así pasaron los años. Veinte años de servicio. De entrega. De predicar, orar, enseñar, consolar, acompañar. Veinte años de sembrar palabra viva. De recoger frutos invisibles pero eternos.

Cada día en el templo, cada rostro que miraba desde el púlpito, era un recordatorio: Dios me salvó para esto. Para servir. Para amar. Para ser testigo.

Y mientras escribo estas líneas, no puedo evitar emocionarme. Porque miro atrás y veo el camino recorrido. Las lágrimas. Las derrotas. Las noches oscuras. Pero también veo la fidelidad de un Dios que nunca me soltó. Que me encontró en mi abismo y me levantó para que hoy, yo pueda extender la mano a otros.

Ser servidor no me hizo mejor que nadie. Me hizo más consciente de mi necesidad. Más humilde. Más dependiente de la gracia. Porque no predicó desde la perfección, sino desde la redención.

Y si algo he aprendido en estos años, es esto: Dios puede usar cualquier historia, por rota que parezca, para escribir milagros. Solo hace falta un corazón dispuesto.

Y yo, aunque quebrado, siempre le dije: "Aquí estoy, Señor. Úsame".

Y Él lo hizo.

Capítulo 10: Las heridas que sanan

Durante años, llevé conmigo un costal invisible. No se veía, pero pesaba. Dentro de él estaban las palabras que nunca me dijeron, los abrazos que no llegaron, los gritos que sí, y los silencios que lo llenaron todo. Ser Anciano, predicar, servir a Dios, no borró mi pasado. Pero sí me dio el valor para mirarlo a los ojos y comenzar a sanarlo.

Hay algo que ocurre cuando uno se entrega a Dios de verdad: no solo cambia el presente, también se ilumina el pasado. Las memorias dolorosas no desaparecen, pero se resignifican. Las heridas se convierten en marcas de batalla. Los vacíos, en espacios donde la gracia se derrama.

Fue en una reunión de oración, en medio de una alabanza suave, que sentí una punzada en el pecho. Era como si Dios me dijera: "Es hora de sanar eso que aún duele". Y lo supe. Tenía que perdonar. No solo a otros. También a mí mismo.

Perdonar a mi padre fue el mayor reto. ¿Cómo perdonar al que nos gritó, nos golpeó, nos hizo temer? ¿Cómo perdonar al hombre que debió cuidarnos y nos rompió? No era sencillo. Pero el Espíritu me guiaba. Me llevó, poco a poco, a entender que mi padre también fue un hombre roto. Que su violencia era el lenguaje del dolor que nadie le enseñó a nombrar.

Lloré muchas veces en secreto. Me arrodillaba y pedía

ayuda: "Señor, no puedo solo. Enséñame a perdonar de verdad". Y Dios lo hizo. No fue de golpe. Fue como la lluvia fina que cala los huesos. Un día me descubrí orando por él. Otro, recordando una anécdota sin rencor. Hasta que un día, lo supe: ya no había odio en mi corazón. Sólo compasión.

También perdoné a mi madre. No por haber sido dura, sino por no haber podido protegernos más. Comprendí que ella, con todo su dolor, hizo lo que pudo. Que ser madre en ese contexto fue un acto heroico. La bendije .

Me perdoné a mí mismo. Por haber fallado, por haber dudado, por haberme rendido en ciertos momentos. Por las veces que fui esclavo del alcohol. Por los errores de juventud. Por no haber sido el padre perfecto. Y entendí que la perfección no era el camino. El amor, sí.

Con el paso del tiempo, comencé a hablar más abiertamente de estas heridas. Ya no me daban vergüenza. Eran parte de mi historia. De mi testimonio. En cada prédica, en cada consejo a los jóvenes, en cada conversación con hermanos quebrantados, hablaba desde mis grietas. Y era allí donde más frutos veía.

Una vez, un joven se me acercó después de un culto. Me dijo: "Usted contó mi historia, pero con esperanza. Yo pensaba que mi vida ya no tenía arreglo. Pero ahora creo que Dios también puede conmigo."

Ese día confirmé que mis cicatrices eran herramientas. Que lo vivido no fue en vano. Que todo lo que dolió, hoy servía para sanar a otros.

Y también entendí que la sanidad es un proceso. Que hay días buenos y días de lucha. Que aún hoy, a veces, el pasado golpea la puerta. Pero ahora, cuando eso ocurre, no me encierro. Oro. Clamo. Recuerdo quién soy: un hijo redimido. Un soldado de luz. Un testimonio viviente.

La iglesia se volvió más que un lugar de reunión. Era un hospital del alma. Allí llegaban personas con historias aún más duras que la mía. Y yo estaba ahí para escucharlas, para orar con ellas, para guiarlas hacia el único que realmente puede sanar: Cristo.

En cada servicio, veía rostros cambiar. Cargas caer. Vidas renacer. Y yo, entre ellos, seguía sanando también.

Porque las heridas no siempre desaparecen. Pero cuando se exponen a la luz, se transforman.

Y así, cada día, sigo caminando. Con cicatrices, sí. Pero también con alas. Porque en el reino de Dios, los quebrantados vuelan más alto.

Y yo, que fui niño del silencio, ahora soy voz de consuelo.

Yo, que viví en la oscuridad, ahora soy lámpara encendida.

Porque las heridas que Dios toca, se vuelven caminos de esperanza para otros.

Y por eso, cada amanecer, le digo al Señor:

"Gracias por todo lo que sanaste. Y gracias, también, por lo que aún estás sanando".

Capítulo 11: La luz que no se apaga

Los años pasaban, y cada uno traía consigo nuevas pruebas, bendiciones, aprendizajes. Ya no era joven, pero mi espíritu estaba más vivo que nunca. No porque la vida se hubiera vuelto fácil, sino porque había aprendido a ver cada día como una oportunidad para glorificar a Dios.

El servicio en la iglesia seguía siendo mi llamado, pero también mi gozo. No había domingo que no me emocionara al ver a los hermanos reunidos, cantando con el alma, orando con fervor, buscando a Dios con sed verdadera. Me sentía privilegiado, no por estar al frente, sino por ser parte de algo más grande que yo.

Algo eterno.

En mi casa, la vida transcurría con una serenidad que antes no conocía. Mayela y yo habíamos construido un hogar donde reinaba la fe. Mis hijas crecieron, florecieron. Verlas convertirse en mujeres de bien, sensibles, creyentes, era el mayor regalo. A veces me sentaba a verlas en silencio, y me brotaban lágrimas. Porque ahí estaba la prueba de que Dios puede hacer nuevas todas las cosas.

Mi trabajo en el hospital siguió. Ya no era solo una fuente de ingresos, era también un campo de misión. Cada paciente, cada compañero, era una oportunidad de sembrar algo. No siempre hablaba con palabras. A veces, era una sonrisa, un gesto, una ayuda. Pero todos sabían que yo creía. Que vivía por algo más Hasta que llegó mi jubilación y tuve que irme.

Y aun con todo esto, con los frutos visibles, con la paz alcanzada, una cosa me era clara: no podía conformarme. La fe no es un puerto de descanso. Es una travesía constante. Y yo quería más. No de posesiones, ni de reconocimientos, sino de Dios. De su presencia. De su fuego.

Comencé a buscar más intimidad en lo secreto. En la oración. Lecturas largas de la Palabra. Encuentros con otros líderes. Mi corazón ardía. No porque sintiera que me faltaba algo, sino porque había probado el amor divino y sabía que siempre hay más.

Y fue en uno de esos momentos de búsqueda que entendí otra verdad: la luz que Dios encendió en mí no era solo para mí. Era para los demás. Era una lámpara para los que aún caminaban en la sombra. Y por eso, debía seguir encendida, pase lo que pase.

Hay días en que el cuerpo no responde como antes. La fatiga, los dolores, el tiempo... todo comenzaba a dejar huellas. Pero mi espíritu seguía fuerte. Y si algo me dolía, lo ofrecía en oración. "Señor, que esta debilidad mía sirva para que otros vean tu fuerza".

Y Él me sostenía. Me daba palabras nuevas. Sueños.

Inspiración para predicar, para escribir, para acompañar. Empecé a anotar frases, versículos, reflexiones. Y me di cuenta de algo: Dios me estaba preparando para una nueva etapa.

No era el fin. Era una transición. Hacia una fe más profunda. Hacia una entrega más radical. Ya no por lo que podía hacer, sino por lo que Él podía hacer a través de mí. Comencé a discipular a jóvenes. A sembrar en ellos lo que tanto me costó aprender. Les hablaba de identidad, de sanidad, de servicio. Les contaba mi historia, no como un drama, sino como un testimonio. Ellos escuchaban con asombro, respeto. Y algunos, se entregaban a Cristo.

Y cada vez que veía a uno de ellos adorar a Dios, o compartir su fe con otros, me llenaba de una certeza: mi vida no había sido en vano.

La luz que Dios encendió en mí aquella madrugada del 25 de noviembre seguía brillando. No con el fulgor de un espectáculo, sino con la constancia de una lámpara fiel. Y yo entendía que esa era mi mayor misión: no dejar que se apague.

No importaban las circunstancias, las tormentas, los achaques. Mientras tuviera aliento, seguiría hablando de Cristo. Seguiría amando, sirviendo, compartiendo.

Porque un día, cuando el cuerpo ya no pueda más, y

mis hijas cierren mis ojos en paz, quiero que digan de mí:

"Papá fue un hombre que vivió en la luz. Que no se rindió. Que amó a Dios con todo el corazón".

Y quiero que mis nietos escuchen mi historia y comprendan que sí se puede. Que con Dios, todo es posible. Que no importa cuán oscura haya sido tu infancia, si la luz de Cristo te alcanza, nada volverá a ser igual.

Por eso escribo estas páginas. No por mí. Sino por los que vienen detrás. Para que sepan que hay esperanza. Qué hay redención. Que hay propósito.

Porque esa luz... esa luz que me envolvió, me transformó, me guió y me devolvió la vida... esa luz no se apaga.

Nunca.

Capítulo 12: Luz en mí

Ahora que el camino ha sido contado, que las palabras han dado forma al testimonio, solo me queda mirar atrás con los ojos llenos de gratitud. No por las heridas, sino por la sanación. No por el dolor, sino por lo que me enseñó. No por lo que perdí, sino por lo que encontré en Cristo.

Hubo un tiempo en el que viví sin esperanza. Sin rumbo. Con el corazón roto, con los sueños apagados. Fui un niño confundido, un joven errante, un adulto herido. Pero la historia no terminó allí. Porque hubo un momento, una hora, una luz… que lo cambió todo.

Aquella madrugada del 25 de noviembre de 2004, Dios me visitó con poder. No con truenos, no con juicios. Con amor. Con luz. Con Espíritu. Y desde entonces, todo en mí se transformó. La tristeza no desapareció de golpe, pero ya no gobernó. El vacío no volvió a tener la última palabra.

Conocí a Cristo no sólo como un personaje bíblico, sino como amigo, como redentor, como padre. Su Palabra se volvió mi alimento. Su presencia, mi refugio. Su gracia, mi aliento. Durante años, he servido con lo que soy y con lo que tengo. En la iglesia, en el hogar, en el trabajo. No soy perfecto, pero soy fiel. No lo sé todo, pero sé en quién he creído. Y eso me basta.

Escribo este libro porque alguien, en algún lugar, necesita saber que no está solo. Que no importa cuán profundo sea el abismo, Dios puede alcanzarte. Que no importa cuán rota esté tu historia, Él puede escribir algo nuevo.

A ti, que estás leyendo estas palabras: no te rindas. No creas que tu vida es un error. No te resignes al dolor como destino. Hay una luz. Y esa luz puede vivir en ti.

Yo la llevo dentro. No porque lo merezca. Sino porque la pedí. Con el corazón en la mano, con lágrimas, con desesperación... y Él me respondió.

Hoy puedo decir que soy un hombre completo. No por

lo que tengo, sino por quien me habita. Soy esposo, padre, hermano, servidor. Pero, sobre todo, soy hijo de Dios.

Agradezco cada paso del camino. Cada persona que fue parte de mi. Mi madre, luchadora incansable. Mis hermanos, compañeros de batalla. Mayela, amor firme y paciente. Mis hijas, luz de mis ojos. Mis pastores, guías fieles. Mis hermanos en la fe, testigos del milagro. Y a ti, lector, por acompañarme hasta aquí.

No sé cuánto tiempo me quede. Nadie lo sabe. Pero mientras respire, seguiré contando lo que Dios hizo conmigo. Porque esta historia no es mía. Es Suya. Y mientras haya alguien que necesite oír, seguiré diciendo:

Luz En Mi : Una Historia Real

"Había oscuridad. Pero llegó la luz. Y esa luz... vive en mí".

Fin.

Conclusión

La historia que acabas de leer no termina con la última página. Porque mientras haya vida, mientras haya aliento, el testimonio sigue latiendo. Este libro es solo una ventana a lo que Dios ha hecho conmigo. Pero lo más maravilloso es que Él no ha terminado. Sigue escribiendo. Sigue guiando. Sigue iluminando.

A veces me sorprendo a mí mismo despertando con el corazón agradecido. Ya no por los bienes, ni por los logros, sino por lo esencial: el perdón, la fe, la familia, la paz. Vivo cada día como un milagro. Porque sé de dónde vengo. Y sé quién me rescató.

He visto cómo otros han sido tocados por esta historia. Algunos han regresado a Dios. Otros lo han encontrado por primera vez. Y muchos han descubierto que la oscuridad no es eterna si se deja entrar la luz. Esa es mi mayor recompensa: saber que el dolor que viví puede ser semilla de esperanza en otro.

Hoy camino con paso firme, no porque no tenga miedos, sino porque ya no camino solo. Cristo va conmigo. En cada palabra que pronunció, en cada mano que estrechó, en cada sermón, en cada oración, en cada abrazo que doy a los míos. Él está.

Si algo quiero dejarte, querido lector, es esta certeza: Dios no ha terminado contigo. No importa tu historia. No importa cuán roto estés. Si abres tu corazón, Él entrará. Y no solo te sanará. Te enviará. Te usará. Te hará testimonio vivo.

Porque la luz no se hizo para esconderse. Se hizo para brillar.

Y si este libro ha encendido aunque sea una chispa en tu alma... entonces todo habrá valido la pena.

Con amor, fe y gratitud eterna.

Autor : Juan Cristóbal Regalado Jimenez

ENLACES DE CONTACTO CON ANCIANO DE IGLESIA JUAN CRISTÓBAL REGALADO JIMENEZ

Email

jregaladojimenez6@gmail.com

Facebook

https://www.facebook.com/juan.regalado.3

17 de octubre del 2025

Made in the USA
Coppell, TX
07 February 2026